De tout ~~pour~~
PASSIONNÉS
DE HOCKEY

Eric Zweig

Texte français de Gilles Terroux

Éditions Scholastic

À Amanda, même si elle
préfère le baseball
— Eric

Références photographiques : Couverture et page de titre : Dave Sandford/Getty Images
p. 1 : © Image du billet de banque utilisée avec l'aimable autorisation de la Banque du Canada,
p. 3 : Doug MacLellan/Temple de la renommée du hockey; p. 16 : Paul Bereswill/Temple de la
renommée du hockey; p. 27 : Dave Sandford/Hockey Canada/Temple de la renommée du
hockey; p. 36 : London Life-Portnoy/Temple de la renommée du hockey; p. 43 :
Dave Sandford/Temple de la renommée du hockey; p. 45, 49 et 68 : Compagnie pétrolière
impériale-Turofsky/Temple de la renommée; p. 76 : Paul Bereswill/Temple de la renommée
du hockey; p. 79 : Dave Sandford/Temple de la renommée du hockey; p. 92 :
Paul Bereswill/Temple de la renommée du hockey; p. 110 : Doug MacLellan/Temple de
la renommée du hockey; p. 111 : Fred Keenan/Temple de la renommée du hockey;
p. 118 : Dave Sandford/Temple de la renommée du hockey; p. 123 : Temple
de la renommée du hockey; p. 125 : Frank Lennon/*Toronto Star*

Copyright © Eric Zweig, 2006, pour le texte.
Copyright © Scholastic Canada Ltd., 2006, pour les illustrations
Illustrations de Lorna Bennett.
Copyright © Éditions Scholastic, 2006, pour le texte français.
Tous droits réservés.

Catalogage avant publication de Bibliothèque et Archives Canada
Zweig, Eric, 1963-
De tout pour les passionnés de hockey / Eric Zweig; texte français de Gilles Terroux.
Traduction de : Hockey Trivia for Kids.
ISBN 0-439-95267-0
1. Hockey--Miscellanées--Ouvrages pour la jeunesse.
2. Ligue nationale de hockey--Miscellanées--Ouvrages pour la jeunesse.
I. Terroux, Gilles, 1943- II. Titre.
GV847.25.Z9414 2006   j796.962   C2006-903029-4

ISBN-10 0-439-95267-0 / ISBN-13 978-0-439-95267-5

Il est interdit de reproduire, d'enregistrer ou de diffuser, en tout ou en partie, le
présent ouvrage par quelque procédé que ce soit, électronique, mécanique,
photographique, sonore, magnétique ou autre, sans avoir obtenu au préalable
l'autorisation écrite de l'éditeur. Pour la photocopie ou autre moyen de
reprographie, on doit obtenir un permis auprès d'Access Copyright,
Canadian Copyright Licensing Agency, 1, rue Yonge, bureau 800,
Toronto (Ontario) M5E 1E5 (téléphone : 1-800-893-5777).

Édition publiée par les Éditions Scholastic, 604, rue King Ouest,
Toronto (Ontario) M5V 1E1 CANADA.

6 5 4 3 2   Imprimé au Canada   07 08 09 10 11

INTRODUCTION

Les Canadiens aiment le hockey. Nombreuses sont les personnes qui ont tenté de trouver les raisons de cet engouement. Certaines prétendent qu'il faut remonter jusqu'à nos racines de pionniers. D'autres disent que c'est parce que le Canada est une terre de glace et de neige. Il se peut que ces deux théories soient vraies. Mais je pense que la réponse est encore plus simple : les Canadiens aiment le hockey parce que le hockey est un sport divertissant, tant à pratiquer qu'à regarder.

La majorité d'entre nous ne jouera jamais dans la LNH et ne représentera jamais notre pays aux Jeux olympiques, mais nous pouvons quand même en rêver. La lecture d'anecdotes sur les gens qui ont joué un rôle dans l'histoire de notre sport national nourrit notre imagination. Qu'il s'agisse d'une histoire à propos d'un grand joueur ou à propos d'une invention qui a servi la cause du sport, lire au sujet du hockey est aussi divertissant que le pratiquer ou le regarder.

Lorsque j'avais 10 ans, j'avais une enseignante, Mme Howchin, qui me grondait parce que mon album d'actualités était rempli presque uniquement d'articles au sujet des sports. Aujourd'hui, je gagne ma vie à écrire sur les sports et à rechercher des histoires à raconter à propos des joueurs de hockey. Je ne jouais pas assez bien au hockey pour me rendre jusqu'à la LNH, mais je me considère comme chanceux de pouvoir vivre du hockey. J'espère que Mme Howchin est d'accord avec moi.

Billet de 5 $ et numéro 9

Chacun sait que, sur le côté face du billet de 5 $ canadien, on aperçoit un portrait de Sir Wilfrid Laurier, premier ministre du Canada de 1896 à 1911. As-tu déjà prêté attention à l'endos de ce billet de banque? Il n'y a pas plus canadien!

On y voit des jeunes patiner, jouer au hockey et faire de la luge. Il y a aussi un passage d'une nouvelle de Roch Carrier intitulée *Le Chandail de Hockey*, qui relate la mésaventure d'un enfant québécois des années 1940 : au lieu de recevoir le chandail du Canadien de Montréal qu'il voulait porter comme son idole Maurice Richard, l'enfant reçoit celui des Maple Leafs de Toronto.

Si tu connais bien l'histoire du hockey, tu remarqueras que le chandail de l'enfant sur la glace porte le numéro 9, un hommage à Maurice « Rocket » Richard.

La coupe de Lord Stanley

Tout comme le hockey lui-même, la Coupe Stanley est beaucoup plus vieille que la LNH. Les équipes se la disputent depuis 1893.

Celui à qui l'on doit la Coupe Stanley est Lord Frederick Arthur Stanley, comte de Preston. Né à Londres, en Angleterre, il a été gouverneur général du Canada de 1888 à 1893. Grand amateur de sports, Lord Stanley n'avait pas vu de match de hockey avant de venir au Canada.

Le 18 mars 1892, Lord Stanley a fait part de son intention d'offrir un trophée de championnat au hockey, en raison de « l'intérêt général que suscitent maintenant ces matchs ». C'était une autre façon de dire « en raison de sa popularité ».

La Coupe Stanley a été présentée pour la première fois en 1893, au club de hockey Montréal, une équipe appartenant à l'Association athlétique amateur de Montréal. À l'époque, beaucoup d'équipes de plusieurs ligues différentes convoitaient la Coupe Stanley. De nos jours, évidemment, le trophée est remis à l'équipe championne des éliminatoires de la LNH. Depuis 1927, seules les équipes de la LNH sont autorisées à s'affronter pour l'obtention de la coupe.

La première Coupe Stanley

Le savais-tu?

La prolongation la plus courte de l'histoire des éliminatoires de la LNH n'a duré que neuf secondes. Brian Skrudland, du Canadien de Montréal, a marqué en logeant la rondelle derrière Mike Vernon, des Flames de Calgary, le 18 mai 1986.

Pauvre coupe...

En 1893, la Coupe Stanley était beaucoup plus petite que le trophée actuel. La coupe originale, que l'on peut admirer au Temple de la renommée du hockey à Toronto, n'était pas plus grosse que la coupe qui surplombe le trophée aujourd'hui. Au fil des ans, la coupe a gagné en taille et en importance... mais elle n'a pas toujours été traitée avec les égards qui lui sont dus.

La coupe a vécu un tas de folles aventures. Selon la légende, après la conquête de la coupe en 1905, certains joueurs des Silver Seven d'Ottawa se sont mis au défi de l'envoyer d'un coup de pied de l'autre côté du canal Rideau. La coupe a été posée sur le sol, puis bottée... mais n'a pas franchi la distance. Elle a atterri au milieu du canal. Heureusement, l'eau était gelée et la coupe n'a pas sombré au fond. Elle a passé toute la nuit sur la glace et a été récupérée le lendemain.

Le savais-tu?

Au début, les matchs de la LNH
n'étaient retransmis à la radio et
à la télévision que bien après
le commencement du jeu.
Les propriétaires d'équipe
craignaient que les gens n'achètent
plus de billets s'ils pouvaient
écouter ou voir gratuitement la
retransmission des matchs.
Ce n'est qu'au cours de la saison
1968-1969 que les téléspectateurs
ont vu, pour la première fois,
un match diffusé dans son intégralité
à La Soirée du hockey, 16 ans après
les débuts de l'émission.

Le grand débat

Le hockey est indéniablement le sport national du Canada. On le pratique sur la glace. On le pratique sur l'asphalte. On le pratique avec des jeux sur table et sur des écrans vidéo. Il y a plus de garçons et de filles inscrits dans des programmes de hockey mineur au Canada que n'importe où ailleurs dans le monde. Nous le pratiquons depuis de nombreuses années et nous en sommes énormément fiers. Mais quelles en sont les origines?

Les gens pratiquent des sports sur glace depuis des centaines d'années. Les premiers patins étaient faits en os ou en bois de cervidés et retenus à la chaussure du patineur par des lanières de cuir. Plus tard, des lames de métal ont été fixées aux bottines du patineur par des lanières et des boucles ou directement vissées à la semelle de la bottine. L'origine exacte du hockey demeure l'une des questions les plus débattues de l'histoire des sports.

La grande question est probablement de savoir si le hockey a vu le jour à Windsor, en Nouvelle-Écosse, au début des années 1800, ou à Kingston, en Ontario, au milieu de cette période. On raconte que des soldats pratiquaient des versions de sports sur glace importées de leurs Angleterre, Écosse et Irlande natales et qu'ils les appelaient rugby sur glace, polo sur glace, hurley sur glace ou hockey sur glace.

L'une des premières allusions au mot « hockey » date du 25 octobre 1825. Dans une lettre adressée à un ami, l'explorateur Sir John Franklin explique comment ses hommes et lui ont patiné et pratiqué un sport qu'ils appelaient hockey, sur un petit lac situé là où se trouve aujourd'hui Deline, dans les Territoires du Nord-Ouest.

Une dose de bravoure

On peut dire que c'est grâce à James Creighton que le hockey est devenu aussi populaire. En 1872, ce dernier, qui avait été initié à ce sport sur glace pendant son enfance à Halifax, a déménagé à Montréal. Ses nouveaux amis, qui savaient déjà patiner, ont vite été conquis par ce jeu originaire de Nouvelle-Écosse et lui ont demandé de rédiger une liste de règles.

Creighton s'est surtout inspiré du rugby lorsqu'il a écrit les premières règles. Les passes vers l'avant étaient défendues. La balle devait être passée de côté ou vers l'arrière. (Plus tard, le dessus et le dessous de la balle ont été coupés afin de l'empêcher de rebondir par-dessus la clôture autour de la patinoire. Naissait alors la première rondelle de hockey.) Il y avait neuf joueurs de chaque côté, en plus d'un arbitre et de deux juges de buts. Ces derniers devaient être particulièrement braves : ils prenaient place sur la glace, derrière et entre les poteaux des buts. Il n'y avait ni filet, ni barre horizontale, simplement deux poteaux plantés dans la glace.

Puis, le 3 mars 1875, le journal *The Gazette* de Montréal a mentionné qu'un « match de hockey » allait avoir lieu le soir même à la patinoire Victoria. Un nouveau sport voyait le jour.

Aujourd'hui, plus de 130 ans plus tard, les matchs que tu disputes à ta patinoire locale et ceux qui sont présentés dans les arénas bondés de la LNH sont issus directement des matchs disputés à Montréal par James Creighton et ses amis.

Un vrai capitaine

Steve Yzerman est devenu capitaine des Red Wings de Detroit pour la saison 1986-1987. Il n'avait alors que 21 ans et devenait le plus jeune capitaine de l'histoire des Red Wings. Yzerman en était, en 2005-2006, à sa 20e saison comme capitaine, la période la plus longue de l'histoire des capitaines de la LNH.

Au nom de la loi

Le hockey est-il réellement LE sport du Canada? Tu peux en être sûr. Adopté par le gouvernement canadien le 12 mai 1994, le projet de loi C-212 faisait officiellement du hockey le sport d'hiver national du Canada.

Le savais-tu?

La LNH est très exigeante au sujet de ce qui se déroule sur la glace. En vertu des règles de la LNH, une rondelle de hockey doit avoir une épaisseur de 2,5 cm et un diamètre de 7,5 cm, et peser entre 156 et 170 grammes. Et même si une rondelle est faite à 90 % de caoutchouc, elle est aussi constituée d'une douzaine de matières différentes. La poussière de charbon ou le carbone est utilisé comme matière de remplissage et donne à la rondelle sa couleur noire. D'autres additifs, comme le soufre, lui procurent sa rigidité. La compagnie InGlasCo de Sherbrooke, au Québec, fabrique toutes les rondelles de la LNH.

Le plus long match

Le plus long match de l'histoire de la LNH a été disputé le 24 mars 1936 entre les Red Wings de Detroit et les Maroons de Montréal. L'égalité de 0 à 0 a persisté jusqu'à la sixième période de prolongation. Finalement, après 116 minutes et 30 secondes de prolongation, les Red Wings ont remporté la victoire grâce à Mud Bruneteau qui a marqué le but décisif dans le filet du gardien de but des Maroons, Lorne Chabot.

En chiffres

Équipe de la LNH	Nombre de coupes
Canadien de Montréal	24*
Maple Leafs de Toronto	13^
Red Wings de Detroit	10
Bruins de Boston	5
Oilers d'Edmonton	5
Rangers de New York	4
Islanders de New York	4
Blackhawks de Chicago	3
Devils du New Jersey	3
Flyers de Philadelphie	2
Penguins de Pittsburgh	2
Avalanche du Colorado	2
Stars de Dallas	1
Flames de Calgary	1
Lightning de Tampa Bay	1
Hurricanes de la Caroline	1

*Les conquêtes de la Coupe Stanley par Montréal comprennent celle de 1916, avant la formation de la LNH.

^Les conquêtes de la Coupe Stanley par Toronto comprennent celles des Arenas en 1918 et des St. Pats, en 1922, mais excluent celle des Blueshirts de 1914, avant la formation de la LNH.

Le repaire de la pieuvre

Il existe une tradition peu ordinaire depuis plus de 50 ans aux matchs des Red Wings de Detroit : les spectateurs lancent des pieuvres sur la patinoire, particulièrement pendant les éliminatoires.

Cette étrange tradition remonte à 1952, à une époque où les éliminatoires ne comptaient que deux rondes. Il fallait donc remporter huit victoires pour mettre la main sur la Coupe Stanley. Chacun des huit tentacules de la pieuvre était le symbole d'une

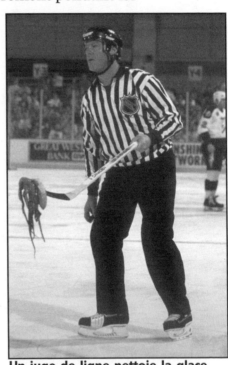

Un juge de ligne nettoie la glace durant un match à Detroit.

victoire pour la conquête de la coupe. Le soir du 15 avril 1952, les frères Cusimano, Pete et Jerry, qui possédaient une poissonnerie, ont apporté furtivement une pieuvre morte à l'Olympia de Detroit, pour les éliminatoires. Pete l'a lancée sur la patinoire durant la deuxième période et, ce soir-là, les Red Wings ont remporté la coupe après huit victoires consécutives contre le Canadien. La pieuvre demeure encore aujourd'hui le porte-bonheur des Red Wings.

Le savais-tu?

Selon David Keon, du Service des relations publiques de la LNH à Toronto, 36 rondelles sont placées dans un congélateur avant un match au Air Canada Centre.
Habituellement, un match de la LNH requiert l'utilisation d'une douzaine de rondelles.

Une seule a suffi

Lorsque les Kings de Los Angeles ont affronté les North Stars du Minnesota, le 10 novembre 1979, la rondelle n'a jamais été projetée dans les gradins. Une seule a donc suffi pour toute la durée du match. Cette rondelle est exposé au Temple de la renommée du hockey, à Toronto.

Le savais-tu?

En 1899, Arthur Farrell, qui a joué pour les Shamrocks de Montréal, a écrit le tout premier livre sur le hockey, intitulé **Hockey: Canada's Royal Winter Game. (Le hockey : le sport d'hiver royal du Canada).** Il n'en existerait que trois exemplaires.

En orbite

Non seulement le hockey dépasse-t-il les frontières, mais il a déjà fait une percée dans l'espace. En octobre 1984, le premier astronaute canadien, Marc Garneau, s'est envolé à bord de la navette spatiale *Challenger*. Il avait emporté avec lui une rondelle qui, par la suite, a été utilisée lors de la mise au jeu protocolaire du match des Étoiles de 1985 à Calgary.

L'origine du mot « puck »

Quelle est l'origine du mot « puck », le terme anglais pour rondelle? Selon certains, il vient d'une pièce de Shakespeare intitulée *Le songe d'une nuit d'été.* Puck est le nom d'un lutin espiègle qui apparaît et disparaît sans avertissement, un peu comme une rondelle dans un enchevêtrement de bâtons et de patins.

Mais il est plus vraisemblable que le mot « puck » vienne d'un sport irlandais, le hurling, un mélange de hockey sur gazon et de crosse. En argot irlandais, le mot « puck » est utilisé parfois pour dire « gifler » ou « frapper ».

En chiffres

Voici l'historique des équipes de la LNH :

ÉQUIPE	DÉBUT DE LA CONCESSION	1re SAISON
Canadien de Montréal	26 novembre 1917	1917-1918
Maple Leafs de Toronto*	26 novembre 1917	1917-1918
Bruins de Boston	1er novembre 1924	1924-1925
Rangers de New York	15 mai 1926	1926-1927
Blackhawks de Chicago	25 septembre 1926	1926-1927
Red Wings de Detroit**	25 septembre 1926	1926-1927
Stars de Dallas***	5 juin 1967	1967-1968
Kings de Los Angeles	5 juin 1967	1967-1968
Flyers de Philadelphie	5 juin 1967	1967-1968
Penguins de Pittsburgh	5 juin 1967	1967-1968
Blues de St. Louis	5 juin 1967	1967-1968

ÉQUIPE	DÉBUT DE LA CONCESSION	1re SAISON
Sabres de Buffalo	22 mai 1970	1970-1971
Canucks de Vancouver	22 mai 1970	1970-1971
Flames de Calgary^	6 juin 1972	1972-1973
Islanders de New York	6 juin 1972	1972-1973
Devils du New Jersey^^	11 juin 1974	1974-1975
Capitals de Washington	11 juin 1974	1974-1975
Avalanche du Colorado^^^	22 juin 1979	1979-1980
Oilers d'Edmonton	22 juin 1979	1979-1980
Coyotes de Phoenix°	22 juin 1979	1979-1980
Hurricanes de la Caroline°°	22 juin 1979	1979-1980
Sharks de San Jose	9 mai 1990	1991-1992
Sénateurs d'Ottawa	16 décembre 1991	1992-1993
Lightning de Tampa Bay	16 décembre 1991	1992-1993

ÉQUIPE	DÉBUT DE LA CONCESSION	1re SAISON
Panthers de la Floride	14 juin 1993	1993-1994
Mighty Ducks d'Anaheim	15 juin 1993	1993-1994
Predators de Nashville	25 juin 1997	1998-1999
Thrashers d'Atlanta	25 juin 1997	1999-2000
Blue Jackets de Columbus	25 juin 1997	2000-2001
Wild du Minnesota	25 juin 1997	2000-2001

*devenus les Maple Leafs en février 1927

**devenus les Red Wings in 1932-1933

***déménagé du Minnesota à Dallas le 9 juin 1993

^ déménagé d'Atlanta à Calgary le 24 juin 1980

^^déménagé de Kansas City à Denver, puis de Denver au New Jersey le 30 juin 1982

^^^déménagé de Québec au Colorado le 21 juin 1995

°déménagé de Winnipeg à Phoenix le 1er juillet 1996

°°déménagé de Hartford en Caroline le 25 juin 1997

Question de nom

L'équipe de Montréal a choisi le nom
« Canadien » afin de s'identifier aux
francophones du Québec qui s'appelaient
eux-mêmes Canadiens. Certains utilisent
parfois le mot anglais *Habs* pour désigner
l'équipe. Selon quelques sources, ce surnom
daterait de 1924. Quelqu'un avait dit à
Tex Rickard, alors propriétaire du Madison
Square Garden de New York, que le « H »
qui figurait sur le chandail du Canadien
signifiait « habitant », un mot français utilisé
jadis en parlant des cultivateurs du Québec.
Rickard s'était fait dire que les joueurs
francophones au sein de l'équipe venaient
de fermes et qu'ils étaient donc des
« habitants » ou des « habs » pour les
anglophones. En réalité, le « H » sur le
chandail signifie « Hockey ». Le nom officiel
de l'équipe est le Club de hockey Canadien.

Le savais-tu?

Les éliminatoires de 1993 ont donné lieu à plus de matchs en prolongation que toute autre saison dans l'histoire de la LNH. Sur les 85 matchs disputés au printemps 1993, 28 ont nécessité une prolongation.

Pauvre coupe...

Le but de Bob Nystrom, en prolongation, en 1980, a permis aux Islanders de New York de remporter la Coupe Stanley une première fois. Ils allaient la remporter aussi les trois années suivantes. Après la victoire, Clark Gillies a laissé son chien manger à même la coupe. Appelé à s'expliquer, Gillies a dit, tout bonnement : « Pourquoi pas? C'est un bon chien... »

La polyvalence de Haley

Haley Wickenheiser est considérée comme l'une des meilleures joueuses de hockey au monde. Elle n'avait que 15 ans lorsqu'elle s'est jointe à l'équipe féminine canadienne en 1994. Elle a participé au tournoi de hockey des Jeux olympiques d'hiver en 1998, 2002 et 2006, en plus de faire partie de l'équipe canadienne de softball aux Jeux olympiques d'été de 2000, à Sydney, en Australie. Elle est la première femme à avoir représenté le Canada à la fois aux Jeux olympiques d'hiver et d'été.

En 1998, Haley Wickenheiser a participé au camp d'entraînement des Flyers de Philadelphie. Elle a poussé sa polyvalence jusqu'à faire partie d'une équipe masculine de Finlande, en 2003. En marquant son premier but avec le Salamat de Kirkkonummi, le 11 janvier 2003, elle est devenue la première femme à réussir un tel exploit dans un match de hockey professionnel masculin.

Haley Wickenheiser s'assure qu'il s'agit d'une véritable médaille olympique.

Le savais-tu?

La dernière équipe à remporter la Coupe Stanley et n'appartenant pas à la LNH a été celle des Cougars de Victoria, en 1925. Cette équipe de la Ligue de hockey de l'Ouest avait vaincu le Canadien de Montréal.

Jour de gloire

Al Hill détient le record du nombre de points accumulés par un joueur lors de son premier match dans la LNH. Rappelé par les Flyers de Philadelphie le 14 février 1977, Hill a obtenu cinq points au cours de la rencontre : deux buts et trois aides. Il n'a joué que huit autres matchs avec les Flyers cette année-là et n'a récolté qu'un seul autre point, une aide.

Truc du chapeau

Lorsqu'un joueur marque un troisième but dans un match, les spectateurs lancent souvent des chapeaux ou des casquettes sur la patinoire parce qu'un tel exploit est reconnu comme un « truc du chapeau ». D'où vient cette tradition?

Le truc du chapeau a été emprunté au cricket, un sport anglais. Lorsque le lanceur prend trois guichets en trois lancers, un exploit rare, on dit qu'il a réussi le truc du chapeau. (Le lanceur au cricket est l'équivalent du lanceur au baseball. Prendre trois guichets consécutifs au cricket équivaut à retirer trois frappeurs consécutifs sur des prises au baseball.)

Dans les années 1800, la coutume voulait que le lanceur qui réussissait cet exploit se voie offrir un nouveau chapeau par l'équipe. Selon une autre version, l'auteur même de cet exploit impressionnant faisait circuler son chapeau dans les gradins et récoltait l'argent que les spectateurs y déposaient.

On raconte que le Torontois Sammy Taft a popularisé le truc du chapeau au hockey dans les années 1940. Il vendait des chapeaux sur l'avenue Spadina et faisait don d'un chapeau à tout joueur qui marquait trois buts dans un match au Maple Leaf Gardens.

Sans rien enlever au mérite de Taft, les gens parlaient déjà du truc du chapeau au hockey, dans les années 1920. Le 26 décembre 1930, le légendaire journaliste sportif Michael J. Rodden écrivait ceci dans son compte rendu d'un match des Rangers de New York : « Bunny Cook s'en est donné à cœur joie. Il a marqué trois buts consécutifs, soit le truc du chapeau de luxe. »

Trois ou six équipes originales?

Lorsqu'ils font référence au bon vieux temps de la LNH, les gens parlent souvent des « six équipes originales ». La raison est simple : pendant de nombreuses années, la ligue ne comptait que six équipes. Les six formations originales étaient le Canadien de Montréal, les Maple Leafs de Toronto, les Bruins de Boston, les Rangers de New York, les Blackhawks de Chicago et les Red Wings de Detroit.

Cependant, la plupart des six équipes dites originales ne le sont même pas.

À sa création, en 1917, la LNH comptait cinq équipes : le Canadien de Montréal, les Wanderers de Montréal, les Arenas de Toronto, les Sénateurs d'Ottawa et les Bulldogs de Québec. L'équipe de Québec n'était pas en mesure financièrement d'entreprendre ses activités dans l'immédiat, et les Wanderers ont dû cesser les leurs lorsque leur aréna a été détruit par les flammes. Ainsi, d'une certaine façon, Montréal, Toronto et Ottawa sont les trois équipes originales de la LNH.

À la fin des années 1920, la LNH est passée de trois à dix équipes. Aux formations de Montréal, Toronto et Ottawa se sont ajoutées sept nouvelles équipes : les Maroons de Montréal, les Bruins de Boston, les Cougars de Detroit, les Blackhawks de Chicago, les Rangers de New York, les Americans de New York et les Pirates de Pittsburgh.

Puis la crise économique du début des années 1930 a fortement affecté les budgets de plusieurs équipes, si bien que la LNH a perdu certaines d'entre elles. Les équipes de Pittsburgh et d'Ottawa ont été forcées de déménager. Les Pirates sont devenus les Quakers de Philadelphie, et les Sénateurs, les Eagles de St. Louis. Incapables de sortir du gouffre financier, plusieurs équipes ont dû cesser leurs activités, à commencer par celles de Philadelphie et de St. Louis, suivies, peu après, des Maroons de Montréal et des Americans de New York. En 1942, la LNH ne comptait plus que six équipes, les soi-disant six originales. Elles sont restées les seules équipes du circuit jusqu'en 1967.

Pauvre coupe...

Bien qu'ils n'aient fait partie de la LNH que quelques semaines, les Wanderers de Montréal avaient déjà connu leur heure de gloire dans le monde du hockey. Champions de la Coupe Stanley en 1906, 1907, 1908 et 1910, ils n'en prenaient pas grand soin.

On raconte même qu'ils ont oublié le trophée au studio du photographe qui a fait la photo de l'équipe en 1907. Une employée l'a trouvé et en a fait un joli pot de fleurs. Au bout de plusieurs mois, un membre des Wanderers est finalement venu le réclamer.

Lorsque les Wanderers ont remporté de nouveau la coupe en 1910, l'un des joueurs l'a installée bien en vue dans la salle de quilles qu'il possédait à Montréal. Il l'a remplie de paquets de gomme à mâcher qu'il vendait ensuite à ses clients.

Question de nom

Lorsqu'une nouvelle équipe d'Ottawa a joint les rangs de la LNH en 1991, elle a fait revivre le nom de l'équipe de la même ville qui avait fait partie de la ligue entre 1917 et 1934, soit les Sénateurs.

Saison annulée

Avec l'expansion de la LNH au cours des années 1990, on a assisté à une flambée des salaires des joueurs. Si bien qu'en 2004-2005, en raison des désaccords à ce sujet, la LNH a été la première ligue de sport professionnel à annuler une saison complète. L'argent n'était pas l'unique point en litige, mais c'était sans doute le plus important. Les propriétaires tenaient à ce que le montant des salaires dépende des revenus de la ligue, c'est-à-dire que les joueurs ne gagnent qu'un pourcentage de ces revenus. Mais les joueurs ne voulaient pas de ce qu'ils qualifiaient de « plafond salarial ».

Devant l'impasse qui persistait entre les joueurs et les propriétaires, un lock-out a été décrété à minuit, le 15 septembre 2004. Aucun match ne serait donc disputé tant et aussi longtemps que les deux parties n'en viendraient pas à une entente. Certains ont même craint que le lock-out ne dure plus longtemps qu'une saison. Heureusement, cela n'a pas été le cas et, le 13 juillet 2005, une nouvelle entente de six ans a été entérinée.

La nouvelle saison s'est amorcée le 5 octobre 2005, avec 15 matchs au calendrier. C'était la première fois que les 30 équipes de la ligue étaient à l'œuvre le même soir.

La foule la plus nombreuse que la LNH a connu, ce soir-là, a été enregistrée à Tampa Bay. L'aréna, d'une capacité de 19 758 spectateurs, en a accueillis 22 120. La raison est bien simple. Le Lightning avait remporté la Coupe Stanley en 2004, mais en raison du lock-out, les amateurs de hockey de Tampa Bay avaient dû patienter plus d'un an avant de voir leur équipe hisser la bannière de son championnat.

Cheveux gris, Red Wings

Gordie Howe a connu la plus longue carrière de l'histoire du hockey professionnel – 32 ans!

Il a porté l'uniforme des Red Wings de Detroit pendant 25 ans, avant d'annoncer sa retraite après la saison 1970-1971. Il devait s'ennuyer du hockey puisque deux ans plus tard, il était de retour sur la patinoire. Une nouvelle ligue, l'Association mondiale de hockey, avait vu le jour, et les Aeros de Houston avaient signé un contrat avec ses fils Mark et Marty. Malgré ses 45 ans, Gordie ne pouvait pas laisser passer une occasion d'évoluer sur la glace aux côtés de ses garçons.

Gordie Howe lors de sa dernière saison avec Detroit

Gordie et ses fils ont joué ensemble pendant six saisons dans la nouvelle ligue. En 1979-1980, quatre équipes de l'AMH sont passées à la LNH. Gordie avait alors 51 ans. Cette saison-là, sa dernière dans la LNH, il a participé aux 80 matchs de son équipe et a marqué 15 buts.

Gordie détient toujours les records de 26 saisons et 1 767 matchs dans la LNH. Seul Wayne Gretzky a fait mieux que ses 801 buts. Et si l'on ajoute à la fiche de Gordie son passage dans l'AMH, son palmarès est de 32 saisons, 2 186 matchs et 975 buts. Pas si mal pour un grand-père!

Question de nom

Lorsque les Rangers de New York ont adhéré à la LNH, en 1926, l'équipe appartenait à Tex Rickard, propriétaire du Madison Square Garden. Comme le corps policier de l'État du Texas portait le nom de Texas Rangers, Tex Rickard a décidé de nommer son équipe « Tex's Rangers » (les Rangers de Tex). Le nom « Rangers » est resté.

Le savais-tu?

Depuis l'origine de la Coupe Stanley, en 1893, le nom de l'équipe championne a toujours été gravé sur le trophée. Les Wanderers de Montréal ont été les premiers, en 1907, à y faire graver le nom de chacun des joueurs. Et depuis 1924, outre les noms des joueurs, chaque équipe gagnante de la Coupe Stanley y fait graver les noms des propriétaires, entraîneurs, directeurs généraux et autres membres de l'organisation.

La première femme dont le nom a été gravé sur la Coupe Stanley a été Marguerite Norris. Elle était présidente des Red Wings de Detroit lorsqu'ils ont ravi la coupe en 1954 et 1955. Depuis, les noms d'une douzaine d'autres femmes ont été gravés sur le trophée.

Question de nom

Lorsque Detroit a fait son entrée dans la LNH en 1926, l'équipe s'appelait les Cougars, surnom qui identifiait la concession lorsqu'elle évoluait à Victoria. Le nom a été changé pour Falcons de Detroit en 1930, deux ans avant que le propriétaire, James Norris, décide de baptiser son équipe les Red Wings à cause de leur chandail rouge et blanc.

Membre de l'Association athlétique amateur de Montréal durant son enfance passée dans cette ville, Norris s'est inspiré du nom des équipes sportives de cet organisme, les Winged Wheelers (véhicules avec des ailes). Detroit étant la ville de l'automobile par excellence (tant de voitures américaines y sont fabriquées), Norris s'est laissé influencer, et c'est ainsi que les Red Wings arborent, sur leur chandail, une roue surmontée d'une aile.

Puis-je vous aider?

Wayne Gretzky a mis un terme à sa carrière dans la LNH en 1999. À ce moment-là, il détenait ou partageait 61 records différents de la LNH. Bien qu'il détienne le record des buts en une saison et celui des buts en carrière, Gretzky ne s'est jamais considéré comme un grand marqueur. Il était surtout fier de son talent de fabricant de jeu. Au cours de sa carrière, Gretzky a accumulé 1 963 aides, un nombre inégalé dans l'histoire de la LNH.

La coupe de l'Amérique

Si l'équipe des Bruins de Boston a été la première équipe américaine de la LNH, elle n'a pas été la première équipe américaine à jouer pour la conquête de la Coupe Stanley. En 1916, les Rosebuds de Portland, en Oregon, avaient baissé pavillon devant le Canadien de Montréal. L'année suivante, toujours face au Canadien, les Metropolitans de Washington ont été la première équipe implantée en sol américain à mettre la main sur la coupe.

Bien que Seattle soit une ville américaine, chaque joueur des Metropolitans était de citoyenneté canadienne. Et, en 1916, un seul joueur des Rosebuds de Portland n'était pas Canadien.

En chiffres

Voici les défenseurs qui ont remporté le trophée Norris le plus souvent :

Joueurs	Nombre de fois
Bobby Orr	8
Doug Harvey	7
Raymond Bourque	5
Nicklas Lidstrom	4
Chris Chelios	3
Paul Coffey	3
Denis Potvin	3
Pierre Pilote	3

Pauvre coupe...

Au fil des années, plusieurs erreurs, dont certaines ont été corrigées, se sont produites lorsque les noms ont été gravés sur la Coupe Stanley. Voici une liste de quelques-unes des plus étranges :

1937-1938 : Blackhawks de Chicago

Le nom de Pete Palangio a été gravé deux fois. Une première fois de la bonne façon, puis de la façon suivante : P-A-L-A-G-I-O.

1941-1942 : Maple Leafs de Toronto

Le nom du gardien de but Turk Broda est inscrit deux fois. On peut lire TURK BRODA, puis un peu plus loin, WALTER BRODA, son nom véritable.

1951-1952 : Red Wings de Detroit

Deux fautes d'orthographe ont été faites cette année-là. Le nom de l'entraîneur Tommy Ivan est orthographié TOMMY

NIVAN. Le nom de famille d'Alex Delvecchio est écrit BELVECCHIO.

1956 à 1960 : Canadien de Montréal
Le Canadien a remporté la Coupe Stanley cinq années de suite… et le nom de Jacques Plante est inscrit chaque fois de façons différentes.

1962-1963 : Maple Leafs de Toronto
Le nom gravé est TORONTO MAPLE LEAES.

1971-1972 : Bruins de Boston
Le nom gravé est BQSTQN BRUINS au lieu de BOSTON BRUINS.

1980-1981 : Islanders de New York
Il manque le premier S au mot ISLANDERS.

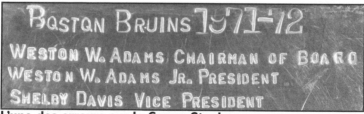

L'une des erreurs sur la Coupe Stanley

1995-1996 : Avalanche du Colorado
Le nom de famille d'Adam Deadmarsh a
été écrit DEADMARCH. L'erreur a été
corrigée plus tard. C'était la première fois
qu'une correction était apportée à un nom
mal orthographié sur la Coupe Stanley.

2001-2002 : Red Wings de Detroit
MANNY LAGACE a été corrigé pour MANNY
LEGACE.

Le légendaire Maurice « Rocket »
Richard, du Canadien de Montréal,
a été le premier joueur de l'histoire
de la LNH à marquer 50 buts en
une saison. Il a réalisé cet exploit
en 1944-1945. Richard a aussi été
le premier joueur de la LNH à
marquer 500 buts en carrière. Il a

réussi le 500ᵉ le 19 octobre 1957.
Ces deux marques restent des étapes
importantes dans la carrière de
tout grand marqueur de la LNH.

**Maurice Richard garde
l'œil sur le filet.**

Saint Patrick

À sa première saison dans la LNH, en 1985-1986,
Patrick Roy donnait l'impression d'être un
véritable « paquet de nerfs ». Sa tête bougeait
continuellement lorsqu'il étirait le cou d'un côté

à l'autre. Roy a même avoué qu'il lui arrivait de parler aux poteaux des buts!

Roy semblait peut-être étrange, mais il était brillant, particulièrement pendant les éliminatoires. Le Canadien ne devait pas se rendre bien loin cette année-là, mais Roy l'a conduit jusqu'à la Coupe Stanley. En 1993, sa performance a été encore plus étincelante.

Après avoir perdu, en prolongation, le premier match des séries de 1993, Roy a promis à ses coéquipiers qu'il n'accorderait aucun autre but en période de prolongation. Et il a tenu parole. Le Canadien a joué 10 autres matchs nécessitant une prolongation et il les a tous remportés. Jusque-là, aucune équipe de la LNH n'avait gagné plus de six matchs nécessitant une prolongation. Roy a remporté trois victoires dans des matchs de la série finale au cours desquels le Canadien a battu les Kings de Los Angeles une fois de plus.

« Lorsque Patrick promet quelque chose, il tient parole », a dit son coéquipier Mike Keane.

Pauvre coupe...

Après la conquête de la
Coupe Stanley en 1924,
Léo Dandurand, propriétaire
et entraîneur du Canadien
de Montréal, a invité les
joueurs à poursuivre les
célébrations chez lui, où ils
pourraient boire à même la coupe argentée.
Après le match, des joueurs ont pris la
route du domicile de Dandurand avec la
coupe. À cause d'une crevaison, ils ont
déposé le trophée sur le bord de la rue et

ont changé le pneu. Ce n'est qu'une fois arrivés chez Dandurand, prêts à s'abreuver à même la coupe, qu'ils ont réalisé ce qui s'était passé. Ils sont remontés dans la voiture et sont allés sillonner les rues de Montréal. Heureusement, ils ont retrouvé la coupe là où ils l'avaient laissée.

Son dernier but

Les partisans des Maple Leafs de Toronto adoraient Bill Barilko, un défenseur robuste. En cinq saisons avec les Maple Leafs, de 1946-1947 à 1950-1951, il a aidé l'équipe à gagner quatre fois la Coupe Stanley. La finale de 1951 a été l'une des plus mémorables de l'histoire du hockey. Chacun des cinq matchs entre les Leafs et le Canadien de Montréal a nécessité une prolongation.

L'entraîneur des Leafs, Joe Primeau, avait dit à Barilko de se concentrer sur son jeu en défense. Il ne voulait pas le voir s'aventurer en territoire offensif. Toutefois, lors du cinquième match, après 2 minutes 53 secondes de prolongation, Barilko s'est lancé à la poursuite de la rondelle dans le territoire du Canadien. En plongeant, il a frappé la rondelle, qui s'est logée dans le filet du Canadien, et les Maple Leafs ont mis la main sur la Coupe Stanley. Il s'agissait malheureusement du dernier but de la carrière de Barilko.

Il a perdu la vie cet été-là. Alors qu'il était en route pour une partie de pêche, son avion s'est écrasé en forêt, dans le nord de l'Ontario. Les Leafs n'ont gagné la coupe de nouveau qu'en 1962, année où, étrange coïncidence, les restes du corps de Barilko ont été retrouvés.

Le héros des éliminatoires de 1951

L'art de marquer

Le champion des pointeurs de la LNH – celui qui accumule le plus de points, c'est-à-dire la somme des buts et des aides – reçoit le trophée Art Ross. Étonnamment, Art Ross lui-même n'a récolté qu'un seul point au cours de toute sa carrière dans la LNH. Il faut dire qu'il n'a disputé que trois matchs! Ross était un défenseur vedette dont la majeure partie de la carrière a précédé la création de la LNH. Plus tard, il est devenu le premier entraîneur et directeur général des Bruins de Boston.

Ross a manifesté l'intention de faire don d'un trophée à la LNH en 1941. Il voulait que son trophée récompense le joueur par excellence, mais comme le trophée Hart existait déjà pour le joueur le plus utile à son équipe durant la saison régulière, il a été décidé que le trophée Art Ross serait attribué au champion des marqueurs. Le premier récipiendaire a été Elmer Lach, en 1948.

Boom Boom et Bobby

Le second joueur, après Maurice Richard, à connaître une saison de 50 buts portait également le chandail du Canadien de Montréal. Bernard « Boom Boom » Geoffrion a réussi l'exploit en 1960-1961. Il était surnommé « Boom Boom » en raison de la puissance de son tir.

Mais Bobby Hull, qui portait les couleurs des Blackhawks de Chicago, possédait lui aussi un tir foudroyant. Une année après la saison de 50 buts de Geoffrion, Hull inscrivait son 50e but lors du tout dernier match de la saison 1961-1962.

Quatre ans plus tard, Hull a réussi son 50e but de la saison au cours du 57e match des Blackhawks, ce qui signifiait qu'il lui restait encore 13 matchs pour tenter de devenir le premier joueur de la LNH à réussir plus de 50 buts en une saison. Un jeu d'enfant, penses-tu? Pas tout à fait.

Pendant les cinq jours qui ont suivi, au cours desquels l'équipe a disputé trois matchs, non seulement Hull mais aussi les Blackhawks ont connu un passage à vide. L'équipe a été blanchie

chaque fois. Finalement, le 12 mars 1966, Hull
a établi le nouveau record en déjouant Cesar
Maniago des Rangers de New York. Il a marqué
trois autres buts avant la fin de la saison et bouclé
la période 1965-1966 avec 54 buts. Hull a aussi
remporté le trophée Art Ross cette année-là, et son
total de 97 points (54 buts et 43 aides) a constitué
un nouveau record de la LNH.

Le savais-tu?

La gardienne de but Manon Rhéaume a aidé l'équipe féminine canadienne à remporter le championnat mondial, en 1992. Cette année-là, elle est devenue la première femme à jouer au hockey junior majeur au Canada. Elle a disputé un match où elle jouait pour les Draveurs de Trois-Rivières de la Ligue de hockey junior majeur du Québec. Le 23 septembre 1992, elle est devenue la première femme à jouer dans la LNH. Elle était devant le filet pendant un match préparatoire du Lightning de Tampa Bay contre les Blues de St. Louis.

La patinoire

La toute première règle, dans le livre des règles de la LNH, traite de la glace et s'intitule tout simplement « Patinoire ». Elle stipule que le hockey sur glace doit être joué sur une surface glacée appelée « patinoire ».

Il a fallu attendre jusqu'en 1929-1930 avant que les dimensions de la patinoire apparaissent pour la toute première fois dans le livre des règles officielles de la LNH. Cette année-là, les dimensions ont été fixées à 60,4 m par 25,7 m. Il s'agissait des dimensions de la patinoire Victoria de Montréal, où

avait été disputé le premier match de hockey de l'ère moderne, le 3 mars 1875. On utilise encore ces dimensions aujourd'hui.

Pauvre coupe...

Bobby Hull s'est joint aux Blackhawks de Chicago au début de la saison 1957-1958, au moment où cette équipe était la pire de la LNH. La ligue ne comptait que six équipes, et les Hawks avaient terminé en sixième place neuf fois au cours des 11 années précédentes. Ils avaient été exclus des éliminatoires 11 fois en 12 ans. Cependant, l'entrée en scène de joueurs comme Bobby Hull, Stan Mikita et Glenn Hall a vite amélioré la situation, si bien que les Blackhawks ont finalement remporté la Coupe Stanley en 1961 – pour la première fois depuis 1938.

Ils mettaient ainsi fin au règne de cinq années consécutives du Canadien de

Montréal, qu'ils avaient d'ailleurs éliminé en demi-finale avant de s'emparer de la Coupe Stanley en finale, contre les Red Wings de Detroit. Puis, en 1962, les équipes de Chicago et de Montréal se sont retrouvées de nouveau l'une contre l'autre en demi-finale et, pour la deuxième année de suite, les Blackhawks ont eu le dernier mot.

Durant la demi-finale de 1962, la Coupe Stanley était exposée dans le hall d'entrée du Chicago Stadium. Un partisan du Canadien a tenté, mais sans succès, de dérober le trophée. Son excuse? Il ne pouvait pas supporter que la coupe se retrouve ailleurs qu'à Montréal pour la deuxième année de suite.

Le savais-tu?

Art Ross est devenu le premier entraîneur de la LNH à retirer son gardien de but en faveur d'un sixième attaquant. Il a fait cela le 26 mars 1931, au cours d'un match éliminatoire en demi-finale que ses Bruins de Boston ont quand même perdu, 1 à 0, contre le Canadien de Montréal.

Argenterie dérobée

En 1969, un policier de Toronto, Harold « Lumpy »
Lambert, a réalisé l'un des exploits les plus brillants
de l'histoire du hockey. Des cambrioleurs avaient
subtilisé trois des trophées de la LNH au Temple
de la renommée du hockey (Hart, Conn Smythe
et Calder). Après une enquête poussée,
Lambert a retrouvé les précieux
trophées emballés dans des
sacs à ordures verts près
d'une prison, en banlieue
de Toronto.

Le doyen des trophées

Le trophée Hart, octroyé au joueur jugé le plus utile à son équipe, est le plus vieux trophée individuel de la LNH. David Hart en a fait don à la LNH en 1923. Son fils, Cecil Hart, a été l'un des directeurs du Canadien de Montréal. Le premier récipiendaire du trophée a été Frank Nighbor, des Sénateurs d'Ottawa, en 1923-1924.

Le savais-tu?

Certains trophées de la LNH sont décernés sur la base de statistiques précises, comme le trophée Art Ross, remis au champion des marqueurs, mais la plupart des récipiendaires sont déterminés à l'aide d'un vote. Plusieurs trophées sont attribués à la suite d'un scrutin effectué auprès des membres de l'association des chroniqueurs de hockey, mais pas tous.

Par exemple, ce sont les directeurs généraux des 30 équipes de la LNH qui votent pour élire le gagnant du trophée Vézina, remis au meilleur gardien de but, tandis que les membres de l'association des commentateurs de hockey déterminent le gagnant du trophée Jack Adams octroyé à l'entraîneur de l'année.

Nez à nez

À l'issue de la saison 1999-2000, Chris Pronger a devancé Jaromir Jagr par un seul point au scrutin du trophée Hart. Il s'agissait, à l'époque, du vote le plus serré de l'histoire de ce trophée. Deux ans plus tard, la lutte a été encore plus corsée lorsque José Théodore et Jarome Iginla sont sortis à égalité. Le trophée a été octroyé à Théodore en raison du plus grand nombre de votes de première place en sa faveur. Iginla n'a pas quitté pour autant la soirée de reconnaissance les mains vides. Il a remporté le trophée Maurice Richard pour avoir marqué 52 buts, et le trophée Art Ross pour avoir accumulé le plus grand nombre de points, soit 96.

Pauvre coupe

Lorsque les Islanders ont remporté la coupe en 1980, Bryan Trottier a apporté le précieux trophée chez lui… et a dormi avec! « Je tenais à l'avoir à mes côtés à mon réveil, a expliqué Trottier. Je voulais être certain que je n'avais pas rêvé… »

Le savais-tu?

Wayne Gretzky est l'unique joueur, dans l'histoire de la LNH, à avoir accumulé plus de 200 points en une saison. Il a même accompli l'exploit quatre fois! Gretzky a récolté 212 points en 1981-1982, 205 en 1983-1984, 208 en 1984-1985 et 215 en 1985-1986.

Qui était Lady Byng?

Le trophée Lady Byng est le deuxième trophée individuel le plus vieux de la LNH. Il a été donné à la ligue en 1925, et depuis, il est remis au joueur qui a démontré le meilleur esprit sportif ainsi qu'une grande habileté. Le nom véritable de celle qui en a fait don à la ligue était Marie Moreton, vicomtesse Byng de Vimy. Elle était mariée à Julian Byng, vicomte de Vimy, un général de l'armée britannique qui a commandé l'armée canadienne lors de la Première Guerre mondiale. Lorsque Lady Byng a offert son trophée à la LNH, son mari était gouverneur général du Canada.

Le savais-tu?

Frank Nighbor, des anciens Sénateurs d'Ottawa, a été le premier récipiendaire du trophée Lady Byng, une année après avoir été le premier gagnant du trophée Hart.

Le truc du rat

Le 8 octobre 1995, Scott Mellanby, des Panthers de la Floride, a utilisé son bâton de hockey pour tuer un rat dans le vestiaire du Miami Arena. Ce soir-là, il a marqué deux buts pendant le match contre les Flames de Calgary, que les Panthers ont gagné 4 à 3. Après le match, ses coéquipiers l'ont taquiné au sujet de son « truc du rat ».

Les journaux du lendemain ont raconté l'incident et, par la suite, à chaque but de Mellanby, les partisans ont pris l'habitude de jeter sur la patinoire des rats en caoutchouc ou en plastique. Cette forme de réjouissance s'est ensuite répétée après chaque but d'un joueur des Panthers. Le geste a dû porter chance aux Panthers qui ont atteint, cette année-là, la finale de la Coupe Stanley.

L'ère des Flyers

En 1974, les Flyers de Philadelphie sont devenus la première équipe depuis l'expansion de 1967 à remporter la Coupe Stanley. Ils n'ont mis que sept ans pour y parvenir, un exploit qu'ils ont répété l'année suivante.

De six à douze

La LNH a ajouté six nouvelles équipes aux six formations d'origine, le 5 juin 1967. Les nouvelles équipes étaient : les Flyers de Philadelphie, les Penguins de Pittsburgh, les Blues de St. Louis, les Kings de Los Angeles, les North Stars du Minnesota et les Seals d'Oakland.

La LNH comptait dorénavant deux divisions. Les six équipes d'origine étaient regroupées dans la division Est et les six nouvelles constituaient la division Ouest. Les équipes championnes des deux divisions s'affrontaient en finale de la Coupe Stanley. Les Blues de St. Louis ont atteint la finale au cours des trois premières saisons. Ils ont baissé pavillon devant le Canadien de Montréal en 1968 et 1969, puis se sont inclinés devant les Bruins de Boston en 1970. Depuis, les Blues n'ont pas atteint la finale une seule fois.

Question de nom

Un comité de sélection a arrêté son choix sur le nom de Flyers de Philadelphie après avoir étudié les suggestions de 25 000 participants à un concours public. L'enfant qui avait soumis le nom Fliers l'avait épelé correctement.

Mais les dirigeants de l'équipe ont décidé de remplacer le « i » par le « y » provenant du mot « Philly », l'abréviation populaire de Philadelphie.

Frank « Lady Byng » Boucher

Frank Boucher était un joueur étoile des Rangers de New York dans les années 1920 et 1930. Entre 1928 et 1935, il a remporté le trophée Lady Byng sept fois en huit saisons. Il l'a gagné tellement souvent que la LNH lui a offert le trophée original en souvenir. Lady Byng a fait don d'un nouveau trophée à la LNH en 1936.

La merveille masquée

Jacques Plante a été l'un des meilleurs gardiens de but de l'histoire de la LNH. Il a aussi été l'un des grands innovateurs du sport. Plante a été l'un des premiers gardiens à s'éloigner de son filet afin d'intercepter les rondelles projetées le long de la rampe ou de s'emparer d'une rondelle libre devant le filet avant de la passer à l'un de ses défenseurs. Mais, plus important encore, on lui doit le port du masque.

Avant Jacques Plante, les gardiens affrontaient les tirs sans protection faciale. Plusieurs ont subi de nombreuses blessures; quelques-uns ont même

Jacques Plante portant son masque lors d'un match contre Toronto en 1959

perdu la vue d'un œil après avoir été atteint par la rondelle.

Après une intervention chirurgicale à la figure durant la saison 1957-1958, Plante a commencé à porter un masque pendant les entraînements, mais la direction de l'équipe s'opposait à ce qu'il le fasse pendant les matchs. Puis, le 1er novembre 1959, il a été coupé au visage par un tir d'Andy Bathgate, des Rangers de New York. À l'époque, les équipes de la LNH ne comptaient qu'un seul gardien de but chacune. Plante a donc dû faire fermer la plaie et retourner dans le feu de l'action, mais pas avant que l'entraîneur Toe Blake ne lui permette de porter son masque. Plante venait ainsi de s'inscrire dans l'histoire!

Démasqué

Bien que le masque de gardien de but soit devenu une pièce usuelle dans l'équipement de hockey, grâce à Jacques Plante, celui-ci n'a pas été le premier gardien de but à en porter un pendant un match de la LNH. Le pionnier en ce domaine a été

Clint Benedict des Maroons de
Montréal. Il avait été atteint
à la figure pendant deux
matchs consécutifs, les 4 et
7 janvier 1930. La seconde
fois, il avait eu une grave
fracture du nez. À son retour sur
la glace six semaines plus tard, le
20 février, il portait un masque de cuir collé à la
figure. Il l'a porté pendant cinq matchs, jusqu'à ce
qu'un joueur des Sénateurs d'Ottawa chute sur lui
pendant une mêlée, le 4 mars 1930, pressant le
masque sur son visage... et lui infligeant ainsi une
autre fracture du nez. Benedict n'a plus jamais joué
dans la LNH après cette soirée.

La première mention d'un gardien de but
protégé par un masque remonte à plus de 100 ans.
Durant une séance d'entraînement d'avant-saison
des Marlboros de Toronto, en décembre 1903, le
gardien de but Eddie Giroux a été atteint à la figure
par une rondelle. Dans le but de se protéger, Giroux
a commencé à porter un masque de receveur de
baseball, mais les tiges de métal l'empêchant de
voir clairement la rondelle, il a cessé de le porter
avant le début de la saison.

Cependant, on pense que la première personne à porter un masque pendant un match de hockey officiel a été Elizabeth Graham, qui jouait pour une équipe féminine de l'Université Queen's de Kingston, en Ontario. Elle a porté son masque en 1927, trois ans avant que Clint Benedict utilise le sien dans la LNH. Selon le *Montreal Daily Star*, « Graham a surpris les spectateurs en se présentant devant le filet et en mettant un masque d'escrime. »

On racontait, à l'époque, que son père l'avait incitée à porter un masque après avoir dû régler des frais élevés pour des soins dentaires.

Six autres équipes

La LNH a accueilli six autres équipes au cours des années 1970. Les Sabres de Buffalo et les Canucks de Vancouver ont fait leur entrée en 1970-1971. Les Flames d'Atlanta et les Islanders de New York ont suivi en 1972-1973, puis les Capitals de Washington et les Rockies du Colorado en 1974-1975. Au début, l'équipe des Sabres s'est imposée comme la meilleure des nouvelles équipes. Il ne lui a fallu que cinq saisons pour parvenir à la finale de la Coupe Stanley (en 1975), que l'équipe a perdue aux mains des Flyers de Philadelphie. Après un début modeste, les Islanders de New York ont fait d'immenses progrès. À leur huitième saison, ils ont remporté la Coupe Stanley de 1980, leur première de quatre conquêtes consécutives.

Le savais-tu?

Le record de conquêtes consécutives de la Coupe Stanley appartient au Canadien de Montréal. Le Canadien a remporté la coupe cinq années de suite, entre 1956 et 1960. De 1976 à 1979, l'équipe a ajouté une autre séquence de quatre conquêtes consécutives. Incroyable, non?

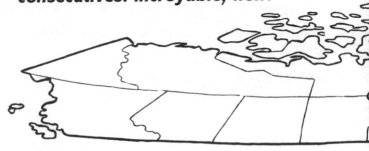

L'Ouest est
à l'Est?

Tout le monde sait que Vancouver se trouve sur la côte ouest du Canada. Pourtant, à leur entrée dans la LNH en 1970, les Canucks de Vancouver se sont retrouvés dans la division Est et y sont demeurés pendant quatre ans. En plaçant Vancouver dans l'Est, la LNH croyait, à l'époque, établir ainsi un meilleur équilibre entre les anciennes équipes et celles de l'expansion.

Question de nom

« Canucks » était le nom que portait une équipe de hockey mineur de Vancouver avant l'entrée de cette ville dans la LNH en 1970-1971. En argot, « Canuck » veut dire Canadien. Un autre célèbre « Canuck » a été Johnny Canuck, un héros des bandes dessinées canadiennes durant la Seconde Guerre mondiale.

50 en 50

Au début de la saison 1980-1981, 35 années avaient passé depuis que Maurice Richard était devenu le premier marqueur de 50 buts en une saison. Pendant cette période, 23 autres joueurs avaient réussi l'exploit. Phil Esposito avait même élevé la barre jusqu'à 76 buts en une saison, mais aucun autre joueur n'était parvenu à inscrire 50 buts en 50 matchs.

Durant la saison 1980-1981, deux joueurs enfilaient les buts à un rythme effréné : Mike Bossy, des Islanders de New York, et Charlie Simmer, des Kings de Los Angeles. Après 49 matchs, Bossy avait marqué 48 buts, et Simmer, 46. Par pure coïncidence, les Islanders et les Kings devaient disputer leur 50e match le même jour, le 24 janvier 1981. Les Kings affrontaient les Bruins en après-midi et les Islanders se mesuraient aux Nordiques de Québec en soirée; Simmer jouerait donc en premier. Tous les yeux étaient braqués sur lui, et il a presque atteint le record des 50 en 50 : il a marqué trois buts, donc 49 buts en 50 matchs.

En soirée, les projecteurs étaient tournés vers Bossy. Malgré tous ses efforts, le joueur des

Islanders n'est pas arrivé à marquer au cours des deux premières périodes. Puis, avec moins de cinq minutes à jouer, il a réussi son 49e but. Par la suite, il a raté quelques chances de marquer et le temps commençait à lui manquer. Il ne restait qu'une minute et 29 secondes lorsqu'il a projeté la rondelle derrière Ron Grahame pour son 50e but de la saison. Bossy et ses coéquipiers ont célébré l'exploit sur la glace pendant que le tableau affichait *50! 50! 50! 50!* Et Simmer? Il a réussi son 50e but deux jours plus tard, à son 51e match de la saison.

Mike Bossy célèbre son 50e but.

Le savais-tu?

Mike Bossy a été le premier joueur à marquer 50 buts à sa première saison dans la LNH. Il en avait marqué 53 pour les Islanders en 1977-1978.

Question de nom

Les Flames de Calgary ont vu le jour sous le nom Flames d'Atlanta en 1972-1973. Le nom de Flames a été choisi afin de commémorer la reconstruction de la ville d'Atlanta détruite par les flammes durant la guerre de Sécession. Lorsque les Flames ont déménagé à Calgary, en 1980-1981, les partisans de l'équipe ont été appelés à voter pour le nom de l'équipe et ont décidé de garder le nom de Flames.

La Merveille

Wayne Gretzky était prédestiné à devenir joueur de hockey. Il savait déjà patiner à l'âge de deux ans. Peu après, son père a aménagé une patinoire dans la cour de la maison où Wayne aimait patiner pendant des heures et des heures. À l'âge de six ans, il faisait partie d'une équipe formée de garçons âgés de 10 ans. Lorsqu'il a atteint ses 10 ans, Gretzky a connu une saison de 378 buts.

Gretzky n'avait que 17 ans lorsqu'il a signé son premier contrat professionnel et, à cet âge-là, les joueurs ne pouvaient pas être admis dans la LNH. Gretzky s'est donc tourné vers une nouvelle ligue rivale appelée l'Association mondiale de hockey. Malgré son jeune âge, il s'est vite imposé comme l'un des meilleurs marqueurs de l'AMH.

En 1979-1980, quatre équipes de l'AMH, dont celle des Oilers d'Edmonton pour laquelle jouait Gretzky, ont été acceptées dans la LNH. On doutait que Wayne puisse répéter dans la LNH les exploits réalisés dans l'AMH. On le trouvait trop jeune et trop frêle pour réussir. Wayne réservait de petites surprises à ses critiques. À sa première saison, il a marqué 51 buts. Il a ajouté 86 mentions d'aide pour un total de 137 points. Bien que ces statistiques constituent des records pour un joueur recrue, Wayne ne pouvait pas prétendre au titre de recrue par excellence de la LNH à cause de la saison passée dans l'AMH.

À sa deuxième saison, Gretzky a récolté 109 aides, battant l'ancien record de 102, détenu par Bobby Orr. Avec ses 164 points, il faisait passer par-dessus bord le total de 152 de Phil Esposito. Au fil des années, Gretzky a continué à fracasser ses propres records. De 109, son record pour les aides est passé à 120, puis à 125 et 135 avant d'atteindre 163. Personne ne l'a encore battu. Gretzky a poussé son total de points en une saison à 215, un autre exploit qui n'a pas été renouvelé. Pas si mal pour un joueur que l'on prétendait trop jeune et trop chétif.

Wayne Gretzky fait un adieu rempli d'émotion.

Le savais-tu?

La plus longue séquence de victoires et la plus longue série de défaites dans l'histoire de la LNH ont toutes deux été de 17. Deux équipes différentes ont subi 17 défaites de suite, d'abord les Capitals de Washington entre le 18 février et le 26 mars 1975, puis les Sharks de San Jose, entre le 4 janvier et le 12 février 1993. La plus longue séquence de victoires appartient aux Penguins de Pittsburgh, victorieux 17 fois de suite, entre le 9 mars et le 10 avril 1993.

Question de nom

Lorsque la ville d'Edmonton s'est vu accorder une concession dans l'AMH, les dirigeants ont organisé un concours afin de trouver le nom de l'équipe. Celui de Oilers a été retenu afin de refléter l'importance de l'industrie pétrolière en Alberta. Dans les années 1950, Edmonton était représentée par une formidable équipe junior connue sous le nom de Oil Kings d'Edmonton.

En chiffres

Wayne Gretzky a remporté le trophée Hart du joueur le plus utile à son équipe plus souvent que quiconque dans l'histoire de la LNH. Voici une liste de ceux qui ont reçu le trophée Hart le plus souvent :

Joueur	Victoires
Wayne Gretzky	9
Gordie Howe	6
Eddie Shore	4
Mario Lemieux	3
Bobby Clarke	3
Bobby Orr	3
Howie Morenz	3

Le savais-tu?

Les capitaines d'équipe existent depuis les premiers jours du hockey. En 1946, la LNH a adopté la règle 14a, selon laquelle le capitaine doit porter la lettre C sur le devant de son chandail. Les capitaines adjoints doivent porter la lettre A. Le capitaine et les capitaines adjoints sont les seuls joueurs autorisés à parler à l'arbitre sur la glace.

En chiffres

Voici la liste des joueurs qui ont marqué le plus de buts en une saison dans l'histoire de la LNH :

Buts	Joueur	Équipe	Saison
92	Wayne Gretzky	Edmonton	1981-1982
87	Wayne Gretzky	Edmonton	1983-1984
86	Brett Hull	St. Louis	1990-1991
85	Mario Lemieux	Pittsburgh	1988-1989
76	Phil Esposito	Boston	1970-1971
76	Alexander Mogilny	Buffalo	1992-1993
76	Teemu Selanne	Winnipeg	1992-1993
73	Wayne Gretzky	Edmonton	1984-1985

Partout ... ou presque!

Wayne Gretzky a joué dans 49 arénas différents au cours de sa carrière dans la LNH. Il a récolté au moins un point dans 48 d'entre eux. À quel endroit a-t-il été blanchi? Au Civic Center de Springfield, au Massachusetts, qui a servi de domicile aux Whalers de Hartford au cours des quatre premiers mois de la saison 1979-1980. Par la suite, les Whalers sont retournés au Civic Center de Hartford, au Connecticut.

Les 50 de Gretzky

En 1981-1982, Wayne Gretzky a battu les anciens records de 50 buts en 50 matchs de Maurice Richard et Mike Bossy. Le soir du 30 décembre 1981, Gretzky a marqué cinq buts, dont son 50e alors qu'il n'en était qu'à son 39e match de la saison. Gretzky ne s'est pas arrêté là. Il a amélioré le record de 76 buts en une saison que détenait Phil Esposito en marquant trois fois lors de son 64e match, le 24 février 1982. Il s'est même offert une saison de 92 buts, un exploit jamais encore égalé, tout comme ses records de points et de mentions d'aide.

Le titre de capitaine d'équipe n'est pas accordé à n'importe qui. Peu d'équipes de la LNH ont eu un joueur qui était aussi entraîneur, et si cela avait été le cas, ce joueur n'aurait pas pu agir comme capitaine. Un gardien de but ne peut pas être capitaine non plus depuis que la règle 14d a été adoptée en 1948. Les autorités en sont venues à la conclusion que le jeu serait trop retardé si le gardien pouvait quitter son rectangle pour aller discuter avec l'arbitre. Avant l'adoption de cette règle, six gardiens de but différents ont été capitaines de leur équipe. Le dernier a été Bill Durnan du Canadien de Montréal, qui a arboré le « C » sur son chandail durant la saison 1947-1948.

Pauvre coupe...

En 1986, Chris Nilan, du Canadien de Montréal, a pris une photographie de son petit garçon assis dans la Coupe Stanley. « Ses petites fesses entrent parfaitement dans la coupe », a dit le dur à cuire du Canadien. Il venait de lancer une mode. En 1996, le défenseur Sylvain Lefebvre, de l'Avalanche du Colorado, a fait baptiser son fiston dans la coupe.

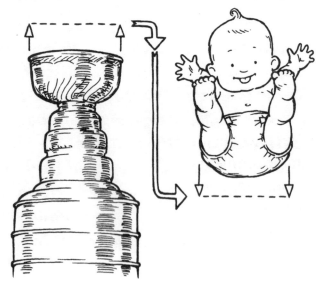

Question de nom

Le Lightning de Tampa Bay fait partie de la LNH depuis la saison 1992-1993. Le nom de Lightning a été choisi en raison des nombreux orages violents qui s'abattent sur la région de Tampa Bay. La ville de Tampa est reconnue comme la capitale des orages des États-Unis.

Jeune capitaine

Lorsqu'il a été nommé capitaine du Lightning de Tampa Bay le 3 mars 2000, à l'âge de 19 ans et 11 mois, Vincent Lecavalier est devenu le plus jeune capitaine de l'histoire. Cependant, à l'issue de la saison 2000-2001, la direction a retiré le « C » de son chandail, jugeant que les responsabilités de capitaine soumettaient Lecavalier à une trop forte pression. Sans doute une sage décision puisque ce dernier est devenu par la suite un joueur vedette.

Question de nom

La ville de Columbus est représentée dans la LNH depuis la saison 2000-2001. Le nom de Blue Jackets a été choisi afin de commémorer la fierté et le patriotisme de l'État de l'Ohio durant la guerre de Sécession. Aucun autre état n'a fourni autant de combattants à l'armée de l'union, et les soldats qui en faisaient partie portaient des vestes bleues. De plus, une grande partie des vestes bleues étaient fabriquées à Columbus.

Recrues récompensées

La LNH récompense la recrue par excellence de la saison depuis 1933. De 1937 jusqu'à son décès en 1943, le président de la LNH, Frank Calder, faisait l'achat d'un nouveau trophée chaque année. Après sa mort, la LNH a opté pour un trophée permanent qu'elle a nommé le trophée Calder.

Jour de chance

Sidney Crosby porte le numéro 87 en raison de sa date de naissance, le 7 août. Il s'agit du huitième mois et de la septième journée. En quelle année est-il né? En 1987, naturellement.

Question de nom

Washington a fait son entrée dans la LNH au début de la saison 1974-1975. Le nom de Capitals a été choisi parce que la ville de Washington est la capitale des États-Unis.

Pauvre coupe...

Lorsque le Canadien de Montréal a remporté quatre fois de suite la Coupe Stanley, entre 1976 et 1979, les joueurs n'avaient pas le privilège de garder la coupe en leur possession pendant une journée comme c'est le cas de nos jours.

Après le traditionnel défilé de la Coupe Stanley, en 1979, Guy Lafleur s'est emparé du précieux trophée. Il l'a déposé dans le coffre de sa voiture et s'est rendu chez ses parents à Thurso, au Québec. Il a placé la coupe sur la pelouse afin que parents et amis puissent l'admirer et se faire photographier à ses côtés.

Pendant que les gens de Thurso s'amusaient ferme, les responsables de la sécurité de la coupe à Montréal étaient dans tous leurs états. Ils ignoraient où était

passé le trophée. Lorsque Lafleur l'a rapporté plus tard dans la soirée, on lui a fortement recommandé de ne jamais recommencer.

Mario le Magnifique

Mario Lemieux était un joueur vedette. Les Penguins de Pittsburgh en ont fait leur tout premier choix au cours du repêchage amateur de 1984. Son arrivée a tôt fait de transformer l'équipe en une formidable machine de hockey.

À sa deuxième saison, Lemieux a terminé deuxième, derrière Wayne Gretzky, au classement des pointeurs de la LNH. Au cours de la saison 1989-1990, il a subi une grave blessure au dos, ce qui ne l'a quand même pas empêché de conduire les Penguins à leur première Coupe Stanley.

Le 12 janvier 1993, les Penguins ont annoncé que Lemieux était atteint de la maladie de Hodgkin, une forme de cancer. Le joueur a dû subir des traitements épuisants qui ont duré du 1er février

Mario Lemieux célèbre la conquête de la Coupe Stanley.

au 2 mars. La journée même de son dernier traitement, il revenait au jeu avec les Penguins.

Avant sa maladie, Lemieux avait eu le temps de récolter 104 points en seulement 40 matchs. Au premier rang des pointeurs de la LNH, il détenait une avance de 20 points sur son plus proche rival. La maladie lui a fait rater 20 matchs. Adam Oates, Pat LaFontaine et Steve Yzerman en ont profité pour le devancer, si bien que, le 7 mars, LaFontaine a pris la tête, avec 16 points de plus que Lemieux.

Étant donné les circonstances, personne ne croyait que Lemieux serait en mesure de combler l'écart, mais c'est pourtant ce qu'il a accompli.

Lemieux a marqué 30 buts et obtenu 26 aides au cours des 20 derniers matchs de la saison. En 60 matchs seulement, il a obtenu 69 buts et 160 points. Il a battu LaFontaine, Oates et Yzerman, qui avaient pourtant joué 24 matchs de plus que lui, et a gagné la course au trophée Art Ross par 12 points. Et, une fois de plus, il a remporté le trophée Hart.

Question de nom

Au cours de la saison 1912-1913, deux équipes de Toronto ont joint les rangs de l'ANH (Association nationale de hockey), les Tecumsehs et les Blueshirts. Souvent, les Blueshirts étaient simplement appelés les Torontos.

Lors de la création de la LNH, le contrôle de l'équipe de Toronto a été accordé à la Toronto Arena Company. Ainsi, la première équipe de Toronto dans la LNH s'appelait les Toronto Arenas. En 1920, l'équipe a pris le nom de Toronto St. Patricks.

Après avoir acheté l'équipe en février 1927, Conn Smythe en a changé le nom pour les Maple Leafs de Toronto, pour deux raisons. La première, parce que l'équipe olympique canadienne de 1924 arborait une feuille d'érable sur son chandail et la seconde, parce que les uniformes des soldats canadiens, qui ont combattu lors de la Première Guerre mondiale, portaient aussi des insignes représentant une feuille d'érable.

Pauvre coupe...

Après le défilé de la Coupe Stanley en 1991, Mario Lemieux a reçu ses coéquipiers chez lui pour célébrer la victoire des Penguins. Pendant la fête, la coupe a été lancée dans la piscine, et un volontaire a dû aller la chercher au fond de l'eau.

Le savais-tu?

Gus Bodnar détient le record du but le plus rapide au début d'une carrière dans la LNH. Bodnar a marqué après seulement 15 secondes de jeu, lors de son premier match avec les Maple Leafs de Toronto, le 30 octobre 1943, alors que l'équipe affrontait les Rangers de New York.

Exploit inusité

Au temps où il portait l'uniforme des Panthers de la Floride, Kristian Huselius, des Flames de Calgary, a réussi un truc du chapeau d'une façon unique et bien personnelle. Lors du premier match de la saison 2001-2002, Huselius a réussi le premier but de sa carrière à son tout premier tir. La saison suivante, il a répété l'exploit à son premier tir, au cours du match inaugural. Puis, en 2003-2004, il a encore une fois marqué avec son premier tir de la saison. Trois en trois! Puis sa séquence de buts au premier tir de la saison a pris fin. Cependant, il a récolté trois aides à son premier match avec les Flames de Calgary, en 2005-2006.

Question de nom

Une équipe de Miami, en Floride, s'est jointe à la LNH en 1993. Voulant attirer l'attention du public sur la panthère, une espèce menacée, le propriétaire Wayne Huizenga a alors baptisé son équipe les Panthers de la Floride.

Le hockey du samedi soir

La tradition du hockey du samedi soir ne date pas d'hier. Le premier match présenté par la chaîne Radio-Canada date du 11 octobre 1952 et opposait les Red Wings de Detroit au Canadien de Montréal.

Les téléspectateurs anglophones, quant à eux, ont dû patienter trois semaines, soit jusqu'au 1er novembre 1952, avant d'assister au premier match des Maple Leafs de Toronto à *Hockey Night in Canada*.

Sur les ondes

Contrairement à la croyance populaire, Foster Hewitt n'a pas été le premier à décrire un match de hockey à la radio. Il s'agit plutôt de Norman Albert.

Albert et Hewitt travaillaient tous deux au journal *Toronto Star*, aussi propriétaire de la station de radio de Toronto CFCA. Hewitt travaillait déjà à la station de radio tandis qu'Albert était rédacteur sportif au journal. Lorsque CFCA a décidé de radiodiffuser un match de hockey pour la première fois, le 8 février 1923, Albert a été choisi comme commentateur. Il s'agissait des éliminatoires d'un match amateur entre North Toronto et Midland.

Six jours plus tard, CFCA a diffusé le premier match de la LNH à la radio, une rencontre entre les Sénateurs d'Ottawa et les St. Patricks de Toronto. Albert était probablement le commentateur ce soir-là aussi, mais personne n'en est sûr.

À la radio au Québec

Les amateurs de hockey du Québec ont dû attendre jusqu'en 1933 pour que leur sport préféré ait une « voix » officielle à la radio. Puisque Montréal comptait deux équipes à l'époque, les Maroons et le Canadien, le commanditaire principal, la compagnie General Motors, avait fait passer des auditions dans les deux langues.

Pour assurer la description des matchs du Canadien en français, sur les ondes de la station CKAC, les services de Phil Lalonde avaient été retenus tandis que Roland Beaudry se chargeait de la lecture du sommaire entre les périodes. Leurs pendants anglophones pour la description des matchs des Maroons étaient Charlie Harwood et Elmer Ferguson, journaliste au *Montreal Herald*. Le 24 mars 1936, Harwood et Ferguson étaient derrière le micro pour commenter le match le plus long de l'histoire de la LNH (six périodes de prolongation) entre les Red Wings de Detroit et les Maroons de Montréal.

Le hockey à la radio a vite fait de susciter l'enthousiasme au pays, si bien que, lors de la saison 1933-1934, 24 stations de radio, dont cinq au Québec, diffusaient les matchs aux quatre coins du Canada.

Des premières à la radio

La diffusion des matchs sur CFCA en 1923 se limitait à la troisième période et à toute période de prolongation en séries éliminatoires. La première station de radio à offrir un match de hockey complet a été CJCG de Winnipeg. Le 22 février 1923, les 60 minutes d'un match amateur, en séries éliminatoires, entre les Falcons de Winnipeg et les Bearcats de Port Arthur ont été décrites à la radio.

La station CKCK de Regina a été la première à diffuser un match professionnel en entier, le 14 mars 1923. Il s'agissait du premier match de la Ligue de l'Ouest, en séries éliminatoires, entre les Capitals de Regina et les Eskimos d'Edmonton.

Question de nom

La saison 1993-1994 a marqué l'arrivée dans la LNH de l'équipe d'Anaheim. Les propriétaires de l'équipe, la compagnie Walt Disney, se sont inspirés de l'un de leurs films les plus populaires à l'époque, *The Mighty Ducks,* pour baptiser leur équipe.

Pauvre coupe...

Les Sénateurs d'Ottawa ont remporté la Coupe Stanley quatre fois dans les années 1920 : en 1920, 1921, 1923 et 1927. Après la victoire de 1923, King Clancy a obtenu l'autorisation d'apporter la coupe chez lui afin de la montrer à son père.

La saison suivante, le président de la LNH, Frank Calder, a demandé aux Sénateurs de rendre la coupe. Petit problème : les dirigeants de l'équipe ignoraient où le trophée se trouvait! Heureusement, Clancy a avoué que la Coupe Stanley était toujours chez lui, sur la cheminée.

Le savais-tu?

Au cours des années 1990, de nombreuses équipes ont déménagé dans le sud des États-Unis. Les équipes de Québec, Winnipeg, Hartford et du Minnesota évoluent maintenant au Colorado, à Phoenix, en Caroline et à Dallas. Lorsque la LNH comptait 21 équipes, 7 étaient du Canada, et 14, des États-Unis. Sur les 30 équipes actuelles de la LNH, seulement 6 représentent des villes canadiennes.

CANADA - É.- U. FRONTIÈRE

Question de nom

Avant de déménager à Dallas en 1993, l'équipe était établie dans la ville de Minneapolis. Comme le Minnesota est l'état le plus au nord des États-Unis et que sa devise est Star of the North (Étoile du Nord), l'équipe s'est appelée les North Stars du Minnesota. L'État du Texas étant, quant à lui, appelé l'état de l'Étoile solitaire (Lone Star State), il a suffi de laisser tomber le mot North et de baptiser l'équipe les Stars de Dallas.

Pauvre coupe...

Depuis 1995, chaque membre de l'équipe championne de la Coupe Stanley est autorisé à passer une journée avec le précieux trophée, qui voyage donc tout l'été. Malheureusement, tout ne se déroule pas toujours sans douleur.

Le 23 août 2004, l'employé du Temple de la renommée du hockey qui est responsable de la coupe, s'est rendu dans la petite municipalité de Fort St. John, au nord de la Colombie-Britannique où il devait remettre le trophée à Jake Goertzen, recruteur en chef du Lightning de Tampa Bay. À sa descente d'avion, il a attendu vainement que le coffre contenant la coupe soit déchargé. Il ne savait pas que le coffre de 16 kilos avait été retiré de la soute à bagages avant le décollage, en raison d'un excès de poids. Après avoir passé la nuit dans l'aire des bagages de l'aéroport de Vancouver, 1 200 km plus loin, la coupe

est arrivée à destination le lendemain matin.

À ciel ouvert

Le 22 novembre 2003, la LNH a présenté son premier match à ciel ouvert. La « classique du patrimoine » a été disputée à Edmonton, en Alberta. Une patinoire avait été aménagée à l'intérieur des limites du terrain de football du Commonwealth Stadium. Le froid qui sévissait au moment du match (il faisait -18,6 °C) n'a pas refroidi l'ardeur des 57 167 spectateurs présents, la plus grosse foule dans l'histoire de la LNH. Ils ont vu le Canadien de Montréal battre les Oilers d'Edmonton, 4 à 3.

La chaise musicale

Lorsque le jeu a repris après l'annulation de la saison 2004-2005, plus de 200 joueurs de la LNH ont changé d'équipe. Seuls les Sharks de San Jose ne comptaient pas de nouveaux joueurs dans leurs rangs, au début du camp d'entraînement.

Les nouvelles règles

Bien avant le déclenchement du lock-out de la LNH, plusieurs amateurs de hockey se plaignaient de la qualité du jeu. Trop d'accrochages et d'obstruction, disait-on, au détriment du jeu offensif.

À la reprise des activités en 2005-2006, plusieurs règlements avaient été modifiés afin d'offrir un jeu plus spectaculaire. Les gardiens de but doivent dorénavant porter un équipement aux dimensions réduites et les arbitres ont reçu l'ordre d'infliger un plus grand nombre de pénalités. Les règles concernant les passes ont aussi été modifiées. Les joueurs peuvent maintenant décocher une passe depuis leur territoire jusqu'à la ligne bleue adverse.

Autre changement majeur : l'avènement de la fusillade, ou tirs de barrage. La fusillade tranche le débat lorsque l'égalité persiste après une période de prolongation. Trois joueurs de chaque équipe s'exécutent à tour de rôle. En cas d'égalité, la procédure se poursuit jusqu'à ce qu'il y ait un vainqueur. L'équipe victorieuse récolte deux points au classement, et l'équipe perdante, un point.

La première fusillade

La première fusillade est survenue dès la première soirée de la saison 2005-2006. Ottawa et Toronto étaient à égalité 2 à 2. La prolongation n'ayant pas donné de résultat, on a procédé à la fusillade. Martin Havlat a eu l'honneur de réussir le premier but de l'histoire de la fusillade, et Dany Heatley a assuré la victoire aux Sénateurs après que les Leafs ont échoué quand c'était à leur tour de s'exécuter.

À la limite

À deux occasions seulement dans l'histoire de la LNH, le septième match de la finale de la Coupe Stanley a nécessité une prolongation et, chaque fois, les Red Wings de Detroit en sont sortis victorieux. En 1950, Detroit a vaincu les Rangers de New York 4 à 3, grâce au but de Pete Babando marqué après 8 minutes et 31 secondes, pendant la deuxième période de prolongation. Le héros de

1954 a été Tony Leswick. Son but, réussi après 4 minutes 29 secondes de prolongation, a permis aux Red Wings d'éliminer le Canadien de Montréal, par une marque de 2 à 1.

Question de nom

Le nom de Devils, donné à l'équipe du New Jersey, vient d'une vieille légende à propos d'un personnage mi-homme, mi-bête qui errait dans la campagne du New Jersey.

En chiffres

Voici la liste des 15 joueurs qui ont marqué le but décisif de la Coupe Stanley en prolongation :

Bill Cook, Rangers de New York
        1933 (4e match)
Mush March, Blackhawks de Chicago
        1934 (4e match, 2e prol.)
Bryan Hextall, Rangers de New York
        1940 (6e match, 2e prol.)
Toe Blake, Canadien de Montréal
        1944 (4e match)
Pete Babando, Red Wings de Detroit
        1950 (7e match, 2e prol.)
Bill Barilko, Maple Leafs de Toronto
        1951 (5e match)
Elmer Lach, Canadien de Montréal
        1953 (5e match)
Tony Leswick, Red Wings de Detroit
        1954 (7e match)
Henri Richard, Canadien de Montréal
        1966 (6e match)
Bobby Orr, Bruins de Boston
        1970 (4e match)
Jacques Lemaire, Canadien de Montréal
        1977 (4e match)
Bob Nystrom, Islanders de New York
        1980 (6e match)

À la Bobby Orr

Les Bruins de Boston n'avaient pas remporté la Coupe Stanley depuis 29 ans lorsque Bobby Orr a scellé l'issue de la finale de 1970 par un but en prolongation. Il a projeté la rondelle derrière le gardien Glenn Hall, des Blues de St. Louis, au moment où le défenseur Noël Picard le faisait trébucher. Tout sourire, Orr volait au-dessus de la glace, les bras en l'air – l'une des scènes de réjouissance les plus célèbres de l'histoire du hockey.

Bobby Orr, un joueur en or!

Patrick Roy a remporté plus de victoires que tout autre gardien de but de l'histoire de la LNH. Il domine pour les victoires en saison régulière, avec 551, et il est aussi en tête de liste pour les victoires en séries éliminatoires, avec 151.

Patrick Roy avec la Coupe Stanley en 1993

L'indestructible Georges!

Le trophée Vézina, remis au meilleur gardien de but de la LNH, a été institué en hommage à Georges Vézina, gardien de but étoile du Canadien de Montréal dans les années 1910 et 1920. Vézina s'est joint au Canadien en 1910-1911. Au cours des 15 saisons suivantes, il n'a raté aucun match en saison régulière ou en séries éliminatoires. Sa séquence de 367 matchs consécutifs a pris fin le 28 novembre 1925, en raison d'une douleur à la poitrine causée par la tuberculose, une grave maladie des poumons. Vézina s'est éteint quatre mois plus tard. En sa mémoire, les propriétaires du Canadien ont fait don du trophée Vézina à la LNH avant le début de la saison 1926-1927.

Au début, le trophée Vézina était attribué au gardien de but (ou aux gardiens de but) de l'équipe qui avait alloué le moins de buts. Le règlement a été modifié lors de la saison 1981-1982. Cette année-là, il a été décidé que le trophée Vézina serait attribué à la suite d'un scrutin qui déterminerait le meilleur gardien de but de la ligue. Un nouveau trophée, le William Jennings, a été institué à l'intention des gardiens de but de l'équipe ayant alloué le moins de buts. À titre de président des Rangers de New York, Jennings a contribué à populariser le hockey aux États-Unis.

En chiffres

Jetons un coup d'œil sur les gardiens de but ayant remporté le trophée Vézina le plus souvent :

Gardien	Trophées
Jacques Plante	7
Dominik Hasek	6
Bill Durnan	6
Ken Dryden	5
Michel Laroque	4
Terry Sawchuk	4
Tiny Thompson	4
Patrick Roy	3
Glenn Hall	3
George Hainsworth	3

L'imbattable George!

Après la mort de Georges Vézina, George Hainsworth est devenu le gardien de but du Canadien de Montréal. Et c'était un excellent gardien! Il a remporté le trophée Vézina les trois premières années après la création de ce prix.

À l'époque, les gardiens de but jouissaient d'un certain avantage parce que les passes vers l'avant en territoire offensif étaient défendues. Dans l'espoir de marquer, les joueurs devaient lancer, manier la rondelle ou faire une passe arrière.

En 1928-1929, Hainsworth a établi un record de blanchissages qui ne risque pas d'être battu. Le calendrier ne comptait que 44 matchs et Hainsworth a blanchi l'adversaire 22 fois. Il n'a alloué que 43 buts au cours de la saison et a maintenu un pourcentage de buts alloués de 0,92. La saison suivante, la LNH a modifié ses règles et a autorisé les passes de partout sur la patinoire.

Le savais-tu?

En 1907, les Thistles de Kenora, en Ontario, sont devenus l'équipe représentant la plus petite ville à remporter la Coupe Stanley. À cette époque, la population de Kenora n'était que de 6 000 habitants. Le règne de Kenora a aussi été le plus court de l'histoire. Les Thistles ont remporté la Coupe Stanley en janvier 1907, mais l'ont perdue dans un mini-tournoi deux mois plus tard.

Pauvre coupe...

Dans l'espoir de conserver la coupe en mars 1907, les Thistles de Kenora ont intégré deux nouveaux joueurs à leur formation, à la dernière minute. Lorsqu'un administrateur de la Coupe Stanley leur a refusé l'autorisation de les utiliser, un dirigeant de l'équipe a menacé de jeter la coupe dans un lac. Les Thistles ont finalement pu utiliser leurs deux nouveaux joueurs... et la coupe est demeurée bien au sec!

Question de nom

Le propriétaire de l'équipe de Nashville, Craig Leipold, n'a pas hésité à entériner le nom de Predators que les partisans avaient choisi lors d'un concours parce qu'il le trouvait adéquat pour un sport alliant rapidité et habileté. Les Predators ont choisi, comme emblème, un chat des cavernes, une espèce originaire de la région à l'époque glaciaire.

Le style coloré de Don Cherry

Ses tenues vestimentaires aux couleurs criardes et ses commentaires controversés ont fait de Don Cherry l'une des personnalités les plus célèbres du hockey. Qu'on l'aime ou qu'on le déteste, on ne veut pas rater ses interventions à *Hockey Night in Canada*.

Don Cherry avec l'animateur Ron MacLean à *Hockey Night in Canada*

Les Bruins de Boston ont engagé Don Cherry en 1952. Il a joué au hockey jusqu'en 1972, mais n'a participé qu'à un seul match dans la LNH, pendant les éliminatoires de 1955. Il a été entraîneur dans la LNH entre 1974 et 1980, surtout avec les Bruins, avant de devenir commentateur à la télévision.

Monsieur Maple Leafs

Chaque année depuis 1965, celui qui est élu joueur le plus utile à son équipe pendant les éliminatoires de la LNH, reçoit le trophée Conn Smythe. Ce trophée a été offert à la LNH par les dirigeants du Maple Leaf Gardens, en 1964. Il a été institué en hommage à Conn Smythe, un homme qui a joué, parfois en même temps, les rôles d'entraîneur, de directeur gérant, de président, de propriétaire et de gouverneur des Maple Leafs de Toronto, de 1927 à 1961. Smythe a aussi été l'initiateur du projet de construction du Maple Leaf Gardens, en 1931. C'est pour cette raison que le trophée Conn Smythe ressemble au Maple Leaf Gardens.

En chiffres

Terry Sawchuk a joué pendant 21 saisons dans la LNH et a plus de matchs à son actif que n'importe quel autre gardien de but. Le record de victoires en carrière de Terry Sawchuk a été battu par Patrick Roy et Ed Belfour, mais son record de blanchissages en carrière n'est pas à la veille d'être surpassé. Voici les 10 meneurs de la LNH au chapitre des blanchissages :

Gardien	Saisons	Matchs	Blanchissages
Terry Sawchuk	20	971	103
George Hainsworth	11	465	94
Glenn Hall	18	906	84
Jacques Plante	18	837	82
Tiny Thompson	12	553	81
Alex Connell	12	417	81
Martin Brodeur	12	740	80
Ed Belfour	15	856	75
Tony Esposito	16	886	76
Lorne Chabot	11	411	72

Dernier hommage

Maurice Richard était plus qu'une vedette de hockey. Il était l'idole du peuple québécois. À sa mort, le 27 mai 2000, même les gens qui ne l'avaient jamais vu jouer étaient attristés.

Afin de permettre à tous ses partisans de lui rendre un dernier hommage, la dépouille de Maurice Richard a été exposée au Centre Molson, le domicile du Canadien de Montréal (devenu le Centre Bell). Plus de 115 000 personnes sont venues lui dire adieu. Le 31 mai 2000, les funérailles ont été célébrées à la basilique Notre-Dame, l'une des plus grandes églises en Amérique du Nord.

Plusieurs années auparavant, un hommage semblable avait été rendu à un autre héros du hockey, à Montréal. Au cours des années 1920 et 1930, Howie Morenz était la plus grande vedette du hockey. Victime d'une mauvaise fracture à la jambe lors d'un match disputé au Forum de Montréal, le 28 janvier 1937, il est décédé à l'hôpital, le 8 mars suivant, des suites de cette blessure.

Les funérailles de Morenz ont été célébrées au

Forum, le 11 mars; 12 000 personnes y assistaient.
Il y en avait presque autant à l'extérieur de l'édifice,
et des milliers le long de la route jusqu'au
cimetière.

Monsieur Zamboni

Zamboni n'est pas seulement le nom de la
surfaceuse que tu aperçois à ton aréna local.
C'est le nom de son inventeur, Frank J. Zamboni.

Frank J. Zamboni est né à Eureka, dans l'Utah,
le 16 janvier 1901. En 1920, son frère cadet,
Lawrence, et lui sont allés travailler pour leur frère
aîné George, propriétaire d'un garage à Hynes-
Clearwater, villes jumelées de Californie.

En 1927, Frank et Lawrence ont construit une
usine de fabrication de blocs de glace pour les
glacières, ancêtres du réfrigérateur.

En 1939, la glace était moins en demande en
raison de l'avènement des réfrigérateurs, plus
sophistiqués; Frank, Lawrence et leur cousin Pete
Zamboni ont alors ouvert une patinoire en 1940.
À l'époque, rendre la glace lisse prenait plus d'une

heure et nécessitait les efforts de trois ou quatre hommes qui devaient pousser un grattoir derrière un tracteur, arroser, racler, puis attendre que l'eau gèle. Frank se demandait comment faire pour obtenir, en moins de temps, une glace de meilleure qualité. Ses premières expérimentations avec un tracteur ont commencé en 1942. Sept ans plus tard, il avait mis au point un modèle qui lui plaisait et qu'il a continué à améliorer au fil des ans. La Zamboni était née.

En 1950, la célèbre patineuse artistique Sonja Henie a été conquise par le nouvel appareil et en a

La première Zamboni

commandé un pour son spectacle sur glace à Chicago. En 1954, les Bruins de Boston ont doté le Boston Gardens d'une Zamboni et, peu après, tous les arénas de la LNH en avaient pourvu leur patinoire. C'est encore ce qui se passe aujourd'hui.

La Série du siècle

Au début de l'histoire du hockey, le Canada a toujours dominé sur la scène internationale. Les joueurs professionnels n'étaient pas autorisés à participer à des compétitions comme les Jeux olympiques, mais de 1920 à la fin des années 1950, le Canada se faisait représenter par une équipe amateur et s'attendait à ce qu'elle rentre au pays avec la médaille d'or.

Puis, au fil des années, les amateurs canadiens ont eu de plus en plus de difficulté à se maintenir à un niveau compétitif. Les années 1960 ont vu une nette domination de l'Union soviétique. Les joueurs de la LNH étant exclus des rencontres internationales, les meilleurs joueurs canadiens n'avaient donc pas l'occasion de se mesurer aux

Soviétiques. En 1972, des arrangements ont enfin donné lieu à la célèbre Série du siècle, une confrontation de huit matchs dont les quatre premiers seraient disputés dans des villes canadiennes, et les quatre derniers, à Moscou.

La plupart des Canadiens s'attendaient à une victoire facile des vedettes de la LNH. Le choc a été brutal lorsque les Soviétiques ont gagné le premier match, 7 à 3, à Montréal.

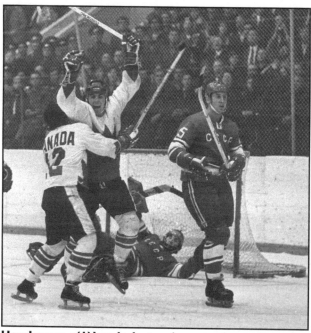

Henderson célèbre le but qui a permis au Canada de remporter la série.

Équipe Canada a repris du galon en gagnant le match suivant, 4 à 1, à Toronto, avant de se contenter d'un verdict nul de 4 à 4 à Winnipeg (il n'y avait pas de prolongation pour ce tournoi). Le quatrième match s'est soldé par une victoire de 5 à 3 des Soviétiques, et de nombreux spectateurs à Vancouver ont hué les joueurs canadiens.

À la reprise de la série, à Moscou, autre victoire des Soviétiques, qui ont comblé un écart de trois buts avant de l'emporter 5 à 4. Les Soviétiques menaient donc la série par trois victoires contre une défaite, et il y avait eu un match nul. Pour l'emporter, le Canada se devait de gagner les trois matchs suivants. Il l'a fait. À chaque match, Paul Henderson a marqué le but de la victoire. Le 8e et dernier match a été le plus excitant de tous. Le Canada perdait 5 à 3 après deux périodes. Au début de la troisième, Phil Esposito a réduit l'écart à 5 à 4 avant de préparer le but égalisateur d'Yvan Cournoyer, à mi-chemin de la période. Puis, avec seulement 34 secondes à jouer, Henderson a assuré la victoire au Canada.

Plus de 30 ans plus tard, on considère encore cette série comme la plus dramatique de tous les temps.

Un pays en or

Après 1972, on a permis à de plus en plus de joueurs professionnels de participer à des tournois internationaux. Les joueurs de la LNH ont quand même dû patienter jusqu'en 1998 avant de pouvoir participer aux Jeux olympiques. Lorsque l'équipe masculine a raflé la médaille d'or à Salt Lake City, en 2002, elle procurait au Canada sa première médaille d'or en 50 ans aux Jeux olympiques. En fait, le Canada a récolté deux médailles d'or en hockey en 2002 puisque l'équipe féminine est également montée sur la plus haute marche du podium, exploit quelle a renouvelé en 2006.

Attaque surprise

Lorsque les équipes retiraient leur gardien dans les années 1930, elles le faisaient toujours lors d'un arrêt du jeu. L'entraîneur des Rangers de New York, Frank Boucher, pensait qu'il y aurait un avantage à le faire au cours de la partie. Il a tenté l'expérience pour la première fois le 14 janvier

1940. Les Rangers étaient en quête d'un 20e match consécutif sans défaite, mais les Blackhawks de Chicago, qu'ils affrontaient ce jour-là, menaient 2 à l.

À la fin de la deuxième période, il a fait part de son intention à son gardien Dave Kerr. Si les Rangers accusaient un retard d'un but en fin de match, il le retirerait, mais n'allait pas attendre un arrêt du jeu. Kerr devrait guetter son signal. Boucher a pris tout le monde par surprise en donnant le signal à Kerr à 1 minute 30 secondes de la fin. Les Rangers ont quand même subi la défaite, mais une nouvelle tactique venait de voir le jour.

Pas de Coupe Stanley

Lorsque la saison 2004-2005 a été annulée en raison du lock-out de la LNH, il s'agissait seulement de la deuxième fois, depuis 1893, qu'une saison de hockey se terminait sans équipe championne de la Coupe Stanley. La chose s'était aussi produite en 1919. En 1918 et 1919, une grave épidémie de grippe communément appelée la « grippe espagnole » s'était répandue dans le monde et avait coûté la vie à des millions de personnes.

En mars 1919, le Canadien de Montréal affrontait les Metropolitans de Seattle dans une épuisante série éliminatoire avec deux longues périodes de prolongation. Plusieurs joueurs du Canadien sont tombés malades, si bien que le dernier match, prévu pour le 1er avril, a été annulé. Ainsi, la Coupe Stanley n'a pas été octroyée en 1919.

L'une des vedettes du Canadien, Joe Hall, est mort de la grippe espagnole, le 5 avril 1919. Le propriétaire du Canadien, George Kennedy, ne s'est jamais remis de la maladie et s'est éteint en octobre 1920.